Gerlinde Götz

Fußballer Kochbuch

76 weltmeisterliche Rezepte

rund um

den Fußball

Verlag Rockstuhl

Für die Unterstützung bei der Erstellung dieses Buches bedanke ich mich bei

Herrn Knut Heckel für die Beratung bei der Auswahl der fußballtypischen Namen für die Rezepte,
Fleischerei Nagy aus Chemnitz für die Warenbereitstellung zur Erarbeitung und Erprobung der Rezepte,
Frau Gritt Breßler für die Unterstützung der Arbeit am Computer und am Layout sowie
dem Team des **APA Lichtblick** aus Chemnitz für die Unterstützung bei der Vermarktung.

Umschlaggestaltung:
Gerlinde Götz und Harald Rockstuhl
Zeichnungen auf der Titelseite und im Buch: Rolf Westerhoff

1. Auflage 2005

Satz und Repro: Verlag Rockstuhl, Bad Langensalza
Druck: Druckhaus „Thomas Müntzer" Bad Langensalza

Dieses Buch wurde in die Deutsche Nationalbibliografie in der Deutschen Bibliothek aufgenommen. **http://dnb.ddb.de**

Papier: MediaPrint/Luxomagic (glänzend) mit dem
Nordischen Umweltzeichen / Lizenz Nr. 204 060
Altersbeständigkeit nach ISO 9706: 1994

ISBN 3-937135-52-9

Verlag Rockstuhl
Lange Brüdergasse 12   99947 Bad Langensalza
Telefon: 0 36 03 / 81 22 46   Telefax: 0 36 03 / 81 22 47

www.verlag-rockstuhl.de

Fußballer, Hobbyfußballer und Fußballfans

Kochbuchsammler

Gastronomen

Hausfrauen

König Fußball deckt den Tisch!
Kochen – Essen – Fußball – Wie passt das zusammen?

Liebe Leser,

seit vielen Jahrhunderten gibt es Verbindungen zwischen Sportlern und Genießern. Bis zum Jahr 2006, der Fußballweltmeisterschaft in unserem Lande, und darüber hinaus, wird sich daran nichts ändern.
Obwohl König Edward III. 1349 in England das Fußballspiel verboten hatte, entstanden viele Jahre später, nämlich zwischen 1863 – 1877, erste Spielregeln von Vertretern Londoner Fußballklubs.
Der Sieg der runden Kugel war nicht aufzuhalten. Der Fußball lebt! Bis zum heutigen Tag hat sich nichts an der Faszination für diese Sportart geändert. Im Gegenteil: Fußball ist zum beliebtesten Freizeitsport geworden.
All das ist ohne die zahlreichen Sportfreunde und Liebhaber undenkbar. Deshalb soll mein Fußballerkochbuch Anregung sein, das leibliche Wohl beim Zuschauen, in Fußballerrunden und bei Vereinsfesten zu pflegen.
Für alle Fußballfreunde in Deutschland, aber auch die vielen engagierten Funktionäre, Schiedsrichter, Übungsleiter, Freundinnen, Muttis, Omas und Opas – also für die gesamte Fußballfamilie - ist das Büchlein mit seinen Rezepten ein besonderer Knüller.

Ich bedanke mich für Ihr Interesse und wünsche Ihnen viel Spaß beim Ausprobieren der Speisen und beim Lesen dieses Buches.

Gerlinde Götz

PS.: Um 1810 gehörten zur Aufstellung 1 Torwart und 10 Stürmer.

Hier einige Hinweise:

Alle Rezepte sind, soweit nicht gesondert gekennzeichnet, für 4 Personen konzipiert.

Die Abkürzungen und Bezeichnungen bedeuten:

Gartenkräuter	Petersilie, Dill, Schnittlauch, Basilikum
Kräuterblüten	Kapuzinerkresse, Borretsch (Alternativ dazu gestoßenes Suppengemüse)
Brühe	Fertigprodukt aus gekörnter Brühe
EL	Esslöffel
TL	Teelöffel
l	Liter
g	Gramm
kg	Kilogramm
cl	Zentiliter
°C	Grad Celsius

INHALT

1. KALTE VORSPEISEN **7**
FUSSBALLERHERZEN 8
FUSSBÄLLE 9
VERZAUBERTES CATENACCIO 10
VIP-RAUM 11
2. WARME VORSPEISEN **12**
VORSTOPPER 13
SIEGTREFFER 14
MEISTER IM DRIBBELN 15
3. SUPPEN UND EINTÖPFE **16**
SCHALKER KREISEL 17
EINLAUF 18
AUS IN DER VORRUNDE 19
4. LEICHTE GERICHTE **20**
ROTE KARTE 21
GELBE KARTE 22
FLANKENGÖTTER 23
FREISTOSS 24
5. FISCHGERICHTE **25**
ACHTELFINALE 26
VIERERKETTE 27
DOPPELPASS 28
ARGENTINISCHER FREUDENTAUMEL 29
DRESSMAN 30
FUSSBALLERSTOLLEN 31
6. FLEISCH UND GEFLÜGEL **32**
ZWEIKÄMPFE 33
IN DIE ZANGE GENOMMEN 34
LATTENSCHUSS 35
DAS HALBFINALE 36
FUSSBALLERBRUST 37
GESPICKTER SCHIEDSRICHTER 38
LINIENRICHTER 39
TORSCHÜTZENKÖNIG 40
7. SPEZIALITÄTEN FÜR FESTE **41**
FEHLPASS 42
ANPFIFF 43
STRAMME WADE 44
FALLRÜCKZIEHER 45
BALLGESCHICHTEN 46
OFFENSIVSPIELER 47
DAS GROSSE FINALE 48
8. SÄTTIGUNGSBEILAGEN **49**
FLATTERBÄLLE 50
SONNENGLUT 51
BALL IM AUS 52
RESERVEBANK 53
LINKSAUSSEN 54
BALLGEFÜHLE 55
ABPFIFF 56
MANNDECKUNG 57
IDOL 58
9. GEMÜSEBEILAGEN **59**
ANS NETZ GEHEN 60
TORSCHUSSPANIK 61
RECHTSAUSSEN 62
AUSSENVERTEIDIGER 63
NOTBREMSE 64
QUERPASS 65
10. SALATE **66**
VERLÄNGERUNG 67
ZUCKERHUT 68
SCHWALBE IM STRAFRAUM 69
VIERTELFINALE 70
FUSSBALL-FIEBER 71
11. DESSERTS **72**
FANKURVE 73
BRASILIENS BALLKÜNSTLER 74
ABSEITSFALLE 75
BALLZAUBER 76
12. GEBÄCK **77**
PFEIFKONZERT 78
HARTE KOPFBÄLLE 79
DAS KLEINE FINALE 80
STRAFRAUM 81
EINE RUNDE WEITER 82
13. GETRÄNKE **83**
FITNESS-DRINK 84
FUSSBALLERFRAUEN-SHAKE 85
SÜDAMERIKANISCHES FEUER 85
FUSSBALLER-DURSTLÖSCHER 86
DIE HAND GOTTES 87
14. ZUBEREITUNGEN **88**
LIBERO 89
SPONSORENSOSSE 90
EINFACHE MAUER 91
PLATZVERWEIS 91
VERWARNUNG 92
FANTRÄUME 93
ERMAHNUNG 94
SACHREGISTER FACHBEZEICHNUNGEN **95**
SACHREGISTER PHANTASIENAMEN **96**

1. Kalte Vorspeisen

Fußballerherzen

Fußballerherzen

Käse-Kürbis-Kugeln

Zutaten:

250 g Emmentaler gestiftet
60 g Butter
100 g Schmelzkäse
100 g Frischkäse
50 g Hokkaidokürbis, garfertig
1 EL Pinienkerne
1 EL Walnüsse
1 Spritzer Dessertwein
1 Spritzer Kräuteressig
Petersilie
Gewürze (Bruschetta)

Zubereitung:

Mit der weichen Butter, dem Schmelzkäse und dem Frischkäse bereitet man eine cremige Masse.

Den garfertigen Hokkaidokürbis schneidet man in kleine Würfel. Die Pinienkerne und die Walnüsse werden geröstet und gemörsert. Die Petersilie wird gewaschen, abgetropft und die Stiele werden entfernt.

Der gestiftete Emmentaler wird bei mittlerer Hitze auf einem mit Backpapier ausgelegten Backblech geschmolzen. Danach wird er noch heiß unter die cremige Masse gerührt.

Zur Verfeinerung gibt man die Kürbiswürfel, die Pinienkerne, die Walnüsse, einen Spritzer Dessertwein, Kräuteressig und die Bruschetta-Gewürzmischung hinzu.

Abschließend formt man mehrere kleine Kugeln. Diese „Fußballerherzen“ werden dann in Form eines Fußballes auf einem runden, kalten Teller in Herzform angerichtet und mit den Petersilienröschen dekoriert.

Fußbälle

Käsekugeln

Zutaten:

450 g Reibekäse
150 g Schmelzkäse
30 g Margarine
30 g Butter
200 g Thunfisch im eigenen Saft
1 Zwiebel
Gartenkräuter
Gewürze (Bruschetta)

Zubereitung:

Zunächst gibt man den Reibekäse auf ein gefettetes, mit Backpapier ausgelegtes Backblech und lässt ihn bei mittlerer Hitze schmelzen.

Inzwischen bereitet man aus dem Schmelzkäse, der Margarine, der Butter, dem Thunfisch, der fein gehackten Zwiebel, den gehackten Kräutern und dem Bruschettagewürz eine cremige Masse.

Danach werden beide Massen vermengt und gemeinsam nochmals mit einem Pürierstab cremig geschlagen.

Nun werden sie mit einem Eisportionierer zu kleinen Kugeln geformt. Diese werden sofort in Alufolie gewickelt und für zwei Stunden im Kühlschrank aufbewahrt. Bei Bedarf können sie auch eingefrostet werden.

Diese „Fußbälle“ sind auf Salatblättern angerichtet eine optische Augenweide. Sie können zu sämtlichen Fußballerpartys als Spezialität gereicht werden.

Verzaubertes Catenaccio

Knusperbälle

Zutaten:

150 g Mehl
75 g Margarine
2 EL Mineralwasser
1 Bund Basilikum
1 EL Olivenöl
1 Prise Salz
Gewürze (Chili, Curry)

Zubereitung:

Das Mehl wird mit der weichen Margarine, dem Mineralwasser, dem gehackten Basilikum, dem Olivenöl, den Gewürzen und einer Prise Salz zu einem festen Teig verknetet. Dieser wird dann für eine Stunde in den Kühlschrank gestellt.

Danach wird der Teig in zwei Teilen auf einer bemehlten Arbeitsfläche ausgerollt und in halbrunde Förmchen, die ausgefettet sein müssen, gefüllt. Das Ganze wird dann bei mittlerer Hitze im Backofen etwa 10 Minuten gebacken. Diese Knusperbälle lässt man danach auskühlen.

Das „Verzauberte Catenaccio" lässt sich mit mediterranen Salaten, Gemüsen, Dips und nussigen Knabbereien füllen.

VIP-Raum

Shrimps-Cocktail

Zutaten:

500 g Shrimps, gefrostet
200 g Rucola
100 g Mayonaise
100 g Crème fraîche
100 g Joghurt
1 TL Gewürzketschup
1 TL Honig
4 cl Sherry
1 Spritzer Worcestersoße
Gewürze (Pfeffer, Salz)

Zubereitung:

Die Shrimps werden kurz gebrüht, abgetropft und mit Zitronensaft und Worcestersoße mariniert.

Für die Cocktailsoße werden die Mayonnaise, die Crème fraîche, der Joghurt, der Honig, der Gewürzketschup und der Sherry zu einer cremigen Soße verrührt. Diese wird mit Salz und Pfeffer abgeschmeckt.

Der Rucola wird gewaschen, abgetropft, von den Stielen befreit und grob gehackt.

Für das Servieren eignen sich am besten Sektschalen. Man beginnt mit dem Salat, es folgen die marinierten Shrimps und zum Schluss gibt man die Cocktailsoße darüber.

Dieser „VIP-Raum“ ist ein Vorschlag für das Weltmeistermenü.

2. Warme Vorspeisen

Vorstopper

Vorstopper

Gebackene Käsespezialität

Zutaten:

125 g Mehl
0,15 l Wasser
5 EL Olivenöl
1 EL Margarine
4 Eier
1 Prise Salz
150 g Hartkäse

Zubereitung:

Der Käse wird zu 4/5 in Würfel geschnitten, der Rest wird gerieben.

Jetzt bereitet man einen Brandteig zu. Dazu wird das Wasser mit dem Öl zum Kochen gebracht und das gesiebte Mehl schnell eingerührt.

Danach wird der Teig mit drei Eiern und dem gewürfelten Käse zu einem Kloß geformt und in einer Schüssel etwa eine Stunde kaltgestellt.

Inzwischen kann der Backofen vorgeheizt werden. Das Backblech wird mit etwas Margarine eingefettet.

Der Brandteig wird danach in einen Spritzbeutel mit etwa 2 cm Lochtülle hineingefüllt und damit als Rosette auf das Backblech gespritzt. Das Ganze wird mit einem verquirlten Ei bestrichen und mit dem geriebenen Käse bestreut.

Die Backzeit liegt bei etwa 35 Minuten. Zu diesem Zeitpunkt sollte das Käsegebäck schön aufgegangen und goldbraun sein.

Diese „Vorstopper“ schmecken am besten noch warm mit einem Weißwein oder Bier dazu.

Siegtreffer

Buttermilchgötzen

Zutaten:

6 große Kartoffeln
½ l Buttermilch
0,2 l Leinöl
Gewürze (Pfeffer, Bärlauchsalz)

Zubereitung:

Die Kartoffeln werden gewaschen, geschält, grob gerieben und leicht ausgedrückt. Danach kommen die Buttermilch und die Gewürze hinzu.

Diese Buttermilchgötzen werden bei etwa 100 °C im Backofen in Leinöl angebraten. Danach werden sie noch etwa 35 Minuten im Backofen bei steigender Temperatur gebacken.

Dieser „Siegtreffer“ schmeckt am besten gleich aus dem Tiegel.

Meister im Dribbeln

Miesmuscheln

Zutaten:

2 kg Miesmuscheln
0,5 l Weißwein
3 EL Olivenöl
1 Zwiebel
2 Knoblauchzehen
1 Zweig Thymian
Gewürze (Lorbeerblatt, Pfeffer, Salz)

Zubereitung:

Die geschlossenen Miesmuscheln werden gründlich unter fließendem Wasser gewaschen und abgebürstet.
Die Zwiebel und die Knoblauchzehen schält und zerkleinert man. Sie werden dann in heißem Olivenöl glasig gedünstet.

Dazu gibt man die Miesmuscheln, das Lorbeerblatt, den Zweig Thymian und den Weißwein. Das Ganze lässt man etwa 12 Minuten köcheln, bis sich die Muscheln öffnen. Danach werden diese vom Sud getrennt und gewürzt.

Diese „Meister im Drippeln" können mit Baguettes, Kartoffeln und Salaten genossen werden.

3. Suppen und Eintöpfe

Einlauf

Schalker Kreisel

Fischsuppe

Zutaten:

500 g Fischfilet (Dorsch, Meerbarbe)
300 g Miesmuscheln
1 Knoblauchbaguette
1 Stange Porree
1 Zwiebel
2 Knoblauchzehen
1 Dose Tomaten (450 g)
0,5 l Weißwein
0,2 l Fischbrühe
7 EL Olivenöl
1 Spritzer Zitrone
frische Kräuter (Petersilie, Dill)
Gewürze (Lorbeerblatt, Safran, Kreuzkümmel, Pfeffer, Salz)

Zubereitung:

Das gemischte Fischfilet wird gewaschen, zerkleinert, mit Zitrone beträufelt und gesalzen.

Die Miesmuscheln werden nach dem Waschen so lange in Öl erhitzt, bis sie sich öffnen. Danach nimmt man das Fleisch aus den Muscheln und gießt den Fischfond durch ein Sieb.

Die Petersilie und der Dill werden gewaschen, abgetropft und kleingehackt.

Anschließend wird das gesäuberte Gemüse mit der Zwiebel und den Knoblauchzehen zerkleinert. Das Ganze wird in dem Olivenöl erhitzt und mit Weißwein abgelöscht.

Die zerkleinerten Fischfilets werden in der Fischbrühe mit dem Lorbeerblatt, dem Safran und dem Kreuzkümmel etwa 8 Minuten leicht geköchelt. Kurz vor Ende der Garzeit gibt man das Gemüse, die zerkleinerten Dosentomaten und das Fleisch der Miesmuscheln hinzu, köchelt es kurz weiter und rundet es mit den restlichen Gewürzen ab.

Dieser „Schalker Kreisel“ wird abschließend mit Kräutern bestreut. Dazu schmeckt ein Stück Knoblauchbaguette.

Einlauf

Spinat-Knoblauch-Suppe

Zutaten:

500 g Spinat, gefrostet
4 Spinatblätter
200 g Schlagsahne
1 Zwiebel
4 Knoblauchzehen
2 EL Butter
0,2 l Brühe
4 Scheiben Weißbrot
Gewürze (Pfeffer, Salz)

Zubereitung:

Die Spinatblätter werden gewaschen, abgetropft, vom Stielende befreit, in dünne Streifen geschnitten und in wenig Butter kurz sautiert.

Die geschälten Knoblauchzehen und die Zwiebel werden klein geschnitten. Danach folgt das Anschwitzen in einem Teil der Butter. Der noch gefrorene Rahmspinat wird hinzugegeben und aufgetaut. Dazu kommt noch etwas Brühe, bis dieser dann dickflüssig ist. Das Ganze wird aufgekocht, mit Pfeffer und Salz gewürzt, püriert und durch ein Sieb gestrichen. Zum Schluss zieht man die flüssige Schlagsahne darunter.

Vor dem Garnieren der „Einlauf"-Suppe gibt man einen Löffel vom sautierten Spinat hinzu. Dazu reicht man geröstete Weißbrotscheiben.

Aus in der Vorrunde

Tomatensuppe

Zutaten:

200 g vollreife Tomaten
50 g Schinkenspeck
50 g Räucherspeck
1 Zwiebel
0,75 l Brühe
2 Knoblauchzehen
150 g Suppengemüse (Porree, Sellerie, Möhren)
1 Spritzer Essig
1 EL Butter
3 EL Tomatenmark
1 EL Mehl
0,1 l Schlagsahne
1 Prise Zucker
Gewürze (edelsüßer Paprika, Majoran, Pfeffer, Salz)

Zubereitung:

Die geschälten Knoblauchzehen sowie die Zwiebel, die Tomaten, das geputzte Suppengemüse, der Schinkenspeck und der Räucherspeck werden in Würfel geschnitten.

Danach werden die Speckwürfel ausgelassen und mit dem Suppengemüse angeschwitzt. Etwas später gibt man die Tomatenwürfel hinzu, schwenkt diese ebenfalls an, bis die Flüssigkeit verdampft ist.
Getrennt davon wird bei mittlerer Hitze die Butter zerlassen und mit Paprika und Mehl bestreut.

Das Ganze wird danach mit heißer Brühe aufgefüllt und mit dem Schneebesen kräftig geschlagen, damit das Mehl nicht klumpt.

In diese Suppe gibt man etwas später das garfertige Gemüse, den Majoran, eine Prise Zucker sowie das Salz. Anschließend wird sie püriert, nochmals aufgeköchelt, mit Schlagsahne, Tomatenmark und einem Spritzer Essig verfeinert.

Die „Aus in der Vorrunde"-Suppe kann mit Knoblauchcroutons ergänzt werden.

4. Leichte Gerichte

Flankengötter

Rote Karte

Klitscher

Zutaten:

8 große Kartoffeln
2 Eier
200 g Schinkenspeck
1 Zwiebel
0,1 l Pflanzenöl
4 EL Gewürzketschup
2 EL Butter
Gewürze (Cayennepfeffer, Salz)

Zubereitung:

Die Kartoffeln werden abgebürstet, gewaschen und geschält. Danach reibt man sie mit einer mittelgroben Raspel und drückt sie leicht aus.

Die kleingeschnittene Zwiebel, der Schinkenspeck, die Eier und die Gewürze werden dazu gegeben und abgeschmeckt.
Vor dem Braten werden alle Zutaten nochmals gut miteinander vermischt und in einer rechteckigen oder quadratischen Brat- oder Backform in heißem Pflanzenöl auf beiden Seiten goldbraun gebacken. Abschließend verteilt man das Gewürzketschup mit den Butterflöckchen darauf und überbäckt die Klitscher nochmals mit geschlossenem Deckel für 2 – 3 Minuten.

Je nach Brat- oder Backform können die „Roten Karten“ noch halbiert werden. Sie schmecken heiß am besten. An Stelle von Ketschup kann auch ein roter, süßer Aufstrich, z. B. Kirschkonfitüre, verwendet werden.

Gelbe Karte

Rösti

Zutaten:

8 große Kartoffeln
2 Eier
200 g Hartkäse
2 Knoblauchzehen
0,1 l Pflanzenöl
0,2 l Sauce hollandaise
Gewürze (Zitronenpfeffer, Salz)

Zubereitung:

Die Kartoffeln werden so vorbereitet wie bei den Klitschern beschrieben. Hinzugefügt werden die Knoblauchzehen, die Eier und die Gewürze.

Das Ganze wird nochmals gut miteinander vermischt und in einer rechteckigen oder quadratischen Brat- oder Backform in heißem Pflanzenöl beidseits goldgelb gebacken.

Abschließend verteilt man den geriebenen Hartkäse und die Sauce hollandaise darauf und überbäckt die Röstis nochmals mit geschlossenem Deckel für 2 – 3 Minuten.

Diese „Gelben Karten“ können einzeln, aber auch zu Grill- und Fischgerichten verzehrt werden.

Flankengötter

Senfnudeln mit Porree

Zutaten:

350 g Senfnudeln
350 g Porree
1 EL Mehl
200 g Schinkenspeck
4 EL Olivenöl
4 EL gemörserte Senfkörner
0,1 l Traubensaft
100 g Schlagsahne
Gewürze (Rahm-Sahne-Pulver)

Zubereitung:

Die Senfnudeln werden in reichlich Wasser etwa 5 Minuten leicht geköchelt und dann abgegossen.

Der Porree wird gewaschen und in 1 cm breite Ringe geschnitten und blanchiert. Der Schinkenspeck wird gewürfelt. Die Senfkörner werden geröstet.

Nun brät man den Schinkenspeck mit dem Porree in Olivenöl an, bestäubt es mit Mehl, rührt es kräftig durch, löscht es mit Schlagsahne und Traubensaft und köchelt es weiter. Zum Würzen verwendet man das Rahm-Sahne-Pulver.

Die fertigen Senfnudeln werden mit dieser Soße übergossen.

Kurz vor dem Servieren bestreut man die „Flankengötter" noch mit den gerösteten Senfkörnern.

Freistoß

Penne Bolognese

Zutaten:

400 g Penne
300 g Hackfleisch
1 Zweig Oregano
1 Zwiebel
2 Knoblauchzehen
2 EL Olivenöl
2 EL Butter
1 Dose Tomaten (450 g)
0,1 l Gemüsesaft
100 g geriebener Hartkäse
Gewürze (Cayennepfeffer, Muskatnuss, Kräutersalz)

Zubereitung:

Die Penne werden etwa 5 Minuten in reichlich Salzwasser leicht geköchelt, abgegossen, kurz vor dem Servieren in heißer Butter geschwenkt und mit Muskatnuss gewürzt.

Die geschälte Zwiebel und die Knoblauchzehen werden fein gehackt und in Olivenöl angebraten, bis sie leicht gebräunt sind. Dazu gibt man das Hackfleisch und brät alles etwa 5 Minuten weiter.

Das Ganze wird mit Brühe und Gemüsesaft gelöscht, mit den Dosentomaten aufgefüllt, mit Oregano gewürzt und etwa 15 Minuten weiter geköchelt.

Die „Freistoß“-Beilage wird dann in halbrunde Formen (Durchmesser ca. 15 cm) gegeben und kurz vor dem Servieren auf einen großen flachen Teller gestürzt. Darüber gibt man die Sauce Bolognese und den geriebenen Hartkäse.

5. Fischgerichte

Doppelpass

Achtelfinale

Gedünsteter Tintenfisch

Zutaten:

1 kg Tintenfisch
4 EL Olivenöl
2 EL Butter
100 g getrocknete Tomaten
4 Knoblauchzehen
4 cl Portwein
0,1 l Weißwein
0,1 l Brühe
4 EL Mehl
frische Kräuter
1 Spritzer Zitrone
Gewürze (Lorbeerblatt, Pfeffer, Salz)

Zubereitung:

Die Tintenfische werden vom Kopf, dem Tintensack, dem Rückgrat, der Haut und den Innereien befreit. Danach werden sie gewaschen, abgetropft, in Streifen geschnitten und mit Zitrone beträufelt.

Die getrockneten Tomaten werden etwa 1 Stunde in lauwarmem Wasser eingeweicht und danach zerkleinert.

Die mehlierten und gewürzten Tintenfischstreifen werden nun mit einem Teil Olivenöl und Butter mit dem Knoblauch in einem Kasserolle angebraten, mit Weißwein gelöscht und mit Brühe aufgefüllt. Danach wird alles noch etwa 30 Minuten gedünstet.

In einer zweiten Pfanne werden dann die abgetropften Tomaten in Olivenöl angebraten. Hinzu fügt man den zerdrückten Tintensack und das zurückgelassene Tomatenwasser und köchelt alles etwa 8 – 10 Minuten weiter. Zur Verfeinerung gibt man noch den Portwein, einen Spritzer Zitrone und die Kräuter hinzu. Mit einer Prise Salz wird alles abgeschmeckt.

Das „Achtelfinale“-Gericht wird dann so angerichtet, dass in die schwarze Tinte die Tintenfischstreifen gegeben werden. Zu diesem Gericht können sämtliche Nudel- und Kartoffelbeilagen gereicht werden.

Viererkette

Gegrillte Steinbeißerfilets

Zutaten:

600 g Steinbeißerfilet
4 cl Wermutwein
4 EL Olivenöl
4 cl Portwein
1 TL Honig
1 Spritzer Zitrone
frischer Rosmarin
Gewürze (Curry, gemörserter Koriander, Pfeffer, Salz)

Zubereitung:

Die küchenfertigen Steinbeißerfilets werden vor der Zubereitung in eine Marinade gelegt und etwa 2 Stunden im Kühlschrank aufgetaut. Für diese Marinade benötigt man Wermutwein, Portwein, Honig, Zitronensaft und die Gewürze. Alles wird gut miteinander vermischt und zum Schluss mit Olivenöl aufgeschlagen.

Kurz vor dem Grillen werden die Filets abgetropft, mit Rosmarinzweigen bespickt und in Alugrillpfannen gelegt.

Auf dem Holzkohlegrill werden die Filets nun etwa 20 Minuten gegrillt. Ein öfteres Bepinseln mit der Marinade verleiht ihnen ein knuspriges Aussehen.

Diese „Viererkette“ kann mit Salaten, gegrillten Kartoffeln und verschiedenen Dips variiert werden.

Doppelpass

Gedünstete Dorade

Zutaten:

2 Doraden
0,1 l Olivenöl
4 mittlere Tomaten
2 große Champignons
2 EL Butter
0,1 l Brühe
0,1 l Weißwein
4 Knoblauchzehen
frischer Thymian
1 Spritzer Zitrone
Gewürze (Fischgewürz, Pfeffer, Salz)

Zubereitung:

Die küchenfertigen Doraden werden gewaschen, trocken getupft, mit Zitrone beträufelt und von innen und außen gewürzt.

Die Tomaten werden gewaschen, enthäutet und vom Stielende befreit. Die Champignons werden geputzt und enthäutet. Der Thymian wird gewaschen und abgetropft.

Die Doraden werden dann mit je 2 Tomaten, einem Champignon, den Knoblauchzehen und den Kräutern gefüllt. Als Befestigung dienen dabei Rouladennadeln.

In einer Pfanne werden die Doraden in heißem Olivenöl kurz angebraten, danach mit Brühe und Weißwein gelöscht. Das Ganze wird dann zugedeckt im Backofen bei mittlerer Hitze etwa 20 – 25 Minuten weiter gedünstet.

Kurz vor Ende der Garzeit entfernt man den Deckel der Pfanne und bepinselt die Doraden mit flüssiger Butter.

Vor dem Servieren entnimmt man das Gemüse und die Kräuter. Anschließend werden die Doraden filetiert.

Als Anrichteweise empfiehlt es sich, die „Doppelpässe“ mit dem runden Gemüse, dem Fischsud und frittierten Kartoffelbällen zu umrahmen.

Argentinischer Freudentaumel

Fischragout

Zutaten:

200 g Rotbarschfilet
200 g Seehechtfilet
200 g Shrimps
1 EL Kokosraspeln
2 EL Erdnüsse
0,1 l Kokosmilch
0,1 l Sahne
0,1 l Brühe
1 TL Ingwer
4 EL Olivenöl
2 EL geeiste Butter
300 g Cocktailtomaten
1 Zwiebel
1 grüne Paprika
1 Bund Petersilie
1 Spritzer Zitrone
Gewürze (Pfeffer, Salz)

Zubereitung:

Die drei Fischarten werden gewaschen, abgetropft, mit Zitrone beträufelt, mit Salz gewürzt und in 2 cm breite Streifen geschnitten.

Die Paprikaschote wird geschält, entkernt und kleingehackt. Aus der Zwiebel werden kleine Würfel geschnitten.

Die Petersilie wäscht man, tropft sie ab und zerkleinert sie. Die Erdnüsse werden nach dem Entfernen der Schale goldgelb geröstet. Die Cocktailtomaten werden in heißem Wasser abgeschreckt und enthäutet.

Die Fischfiletstreifen und die Shrimps werden in einem Teil Olivenöl leicht angebraten und über Küchenkrepp abgetropft.

Danach werden die kleingeschnittenen Gemüsewürfel ebenfalls in Olivenöl leicht angedünstet. Etwas später fügt man die Cocktailtomaten hinzu. Man löscht das Ganze mit der Kokosmilch, der Brühe und der Sahne ab. Alles zusammen wird nun gut miteinander vermischt und leicht aufgeköchelt. Mit Ingwer, Pfeffer, Kokosraspeln und gerösteten Erdnüssen wird das Fischragout abgerundet.

Zum „Argentinischen Freudentaumel" kann man Reis und einen Salat reichen.

Dressman

Thunfischfilet im Topinamburmantel

Zutaten:

600 g Thunfischfilet
400 g Topinamburknollen
2 EL Butter
1 Spritzer Essig
4 EL Mehl
4 Eier
4 EL Sesamkörner
0,1 l Olivenöl
0,1 l Sekt
0,1 l Bier
0,1 l Brühe
1 Spritzer Zitrone
Gewürze (Koriander, Curry, Salz)

Zubereitung:

Die vorbereiteten Thunfischfilets werden gewaschen, mit Zitrone beträufelt, gesalzen und mehliert.

Die Tobinamburknollen werden nach dem Waschen geschält, nochmals in Essigwasser gespült, grob gerieben und über einem Sieb abgetropft.

In diese Masse werden dann die Eier und die restlichen Gewürze verquirlt.

Die Thunfischfilets werden anschließend entweder in einer Hälfte einer großen Pfanne oder in Portionspfannen in Olivenöl bei mittlerer Hitze angebraten. In den anderen Teil gibt man die Tobinamburmasse und lässt sie stocken. Mit dieser Masse und Butterflocken bedeckt man danach die Thunfischfilets, löscht sie mit Sekt und Bier ab und lässt alles im Backofen noch etwa 10 Minuten dünsten. Zum Auffüllen wird die Brühe verwendet.

Dieser „Dressman“ kann mit Zitronensoße umrahmt werden. Dazu passen Salate und Baguettes.

Fußballerstollen

Knüppelkuchen mit Fischbällchen

Zutaten Teig:

300 g Mehrkornmehl
Hefe entsprechend dem Gebrauchshinweis
0,1 l warmes Wasser
1 Spritzer Mineralwasser
2 EL Olivenöl
1 Prise Salz

Zutaten Fischbällchen:

200 g Seelachsfilet
1 Ei
2 EL Olivenöl
4 – 6 EL Semmelbrösel
Gewürze (Fischgewürz, Curry, Bärlauchsalz)

Zubereitung

Teig:

Aus allen Zutaten wird ein lockerer Teig geknetet, bis die Oberfläche glatt ist. Danach lässt man ihn mit einem Tuch bedeckt an einer warmen Stelle etwa 30 Minuten gehen. Anschließend formt man daraus kleine Bällchen.

Fischbällchen:

Das Seelachsfilet wird gewaschen, trockengetupft und in 1 cm breite Streifen geschnitten.

Diese werden danach mit dem Ei, den Semmelbröseln, einem Spritzer Zitrone und den Gewürzen mit einem Pürierstab zu einer festen Hackmasse gemischt.

Anschließend werden 8 – 12 quadratische Folien vorbereitet und mit Olivenöl bepinselt.

Auf nassen Holzspießen werden dann im Wechsel die eingewickelten Fischbällchen und die Hefeteigbällchen aufgespießt.. Diese Stangen werden abschließend unter ständigem Wenden über eine Feuerglut gehalten, bis die Bällchen schön knusprig sind. Bei den Fischbällchen wird zuletzt noch die Folie entfernt.

Zu diesen „Fußballerstollen“ können kalte Weine, Schorlen oder Biere gereicht werden.

6. Fleisch und Geflügel

Lattenschuss

Zweikämpfe

Hackbraten

Zutaten:

300 g Hackfleisch gemischt
250 g garfertige Schweinezunge
2 Eier
6 EL Semmelbrösel
1 Zwiebel
1 EL Pinienkerne
1 EL Margarine
Gewürze (Hackbratengewürz, Salz)

Zubereitung:

Die garfertige Zunge und die geschälte Zwiebel werden in kleine Würfel geschnitten. Die Pinienkerne röstet man zuerst an, ehe sie gemörsert werden.

Danach werden das Hackfleisch, die Eier, die Semmelbröseln, die Zwiebel und die Gewürze in einer Schüssel mit dem Pürierstab püriert. Abschließend mischt man die gewürfelte Zunge und die gemörserten Pinienkerne darunter.

In zwei halbrunde, feuerfeste, mit Margarine ausgefettete Formen füllt man diese Masse hinein. Entweder im Wasserbad oder im Backofen wird dann diese Hackfleischzubereitung bei mittlerer Hitze etwa 25 Minuten gegart.

Diese „Zweikämpfe“ können in Scheiben geschnitten und in Form eines Balles angerichtet werden. Dazu können Brötchen, Salate, verschiedene Soßen und Dips aber auch warme Gemüse- und Sättigungsbeilagen gereicht werden.

In die Zange genommen

Rinderrouladen

Zutaten:

4 Scheiben Rouladen (Oberkeule)
400 g Hackfleisch, gemischt
1 Ei
2 Zwiebeln
4 EL Semmelbrösel
40 g Speck
20 g Schinkenspeck
1 Tomate
1 Möhre
0,1 l Madeira
0,5 l Brühe
4 EL Senf
4 EL Ketschup
4 EL Pflanzenöl
1 Becher Crème fraîche
Gewürze (Thymian, Pfeffer, Salz)

Zubereitung:

Die vom Fleischer vorbereiteten dünnen Rouladen werden mit Senf bestrichen und gewürzt. Für die Füllung werden zunächst die geschälten Zwiebeln und der Speck in kleine Würfel geschnitten. Dann mischt man diese Zutaten, ein Ei, die Semmelbröseln und die Gewürze mit dem Hackfleisch zu einer festen Masse. Diese wird dann auf die Rouladen verteilt. Von der kurzen Seite her werden die Rouladen aufgerollt. Als Befestigung dienen dabei Rouladennadeln.

Für den Bratansatz bereitet man neben einem Teil der Zwiebel noch eine Tomate und eine Möhre in gewürfelter Form vor.

Die Rouladen werden dann in einer Schmorpfanne in heißem Pflanzenöl von allen Seiten kräftig angebraten und mit Ketschup bestrichen. Das vorbereitete Suppengemüse wird danach auch angebraten. Das Fleisch wird mit der Brühe aufgefüllt und zugedeckt etwa 90 Minuten geschmort.

Nach dem Garprozess werden die Rouladen von den Rouladennadeln befreit und in etwa 2 cm breite Scheiben geschnitten. Die Soße wird mit dem Gemüse püriert und mit Madeira und Crème fraîche abgerundet.

Diese „In die Zange genommen"-Scheiben können mit Kartoffelklößen und gebackenem Porree verzehrt werden.

Lattenschuss

Falscher Wildschweinbraten

Zutaten:

800 g Schweinekeule
4 cl Gin
1 l Buttermilch
2 EL Kräuteressig
2 EL Butter
0,1 l Sahne
3 EL Pflanzenöl
2 EL Soßenbinder
Gewürze (Lorbeerblatt, Wacholder, Piment, Pfefferkörner, Majoran, Pfeffer, Bärlauchsalz)

Zubereitung:

Die Schweinekeule wird in zwei oder drei Stücke getrennt und in einem Keramikgefäß mit der Buttermilch bedeckt. Hinzu fügt man noch die Würzmittel Lorbeerblatt, Piment, Wacholder und die Pfefferkörner. In dieser Beize wird das Schweinefleisch etwa 2 Tage kühlgestellt.

Danach wird es aus dem Gefäß genommen, abgetropft und mit den restlichen Gewürzen bestreut.

In der Butter-Pflanzenöl-Mischung werden dann die Fleischstücke in einer Kasserolle von allen Seiten kräftig angebraten, mit dem durchsiebten Buttermilchsud aufgefüllt und zugedeckt etwa 60 Minuten weiter geschmort. Zwischendurch kann ab und zu etwas warmes Wasser hinzugefügt werden.

Das Schweinefleisch wird danach je nach Bedarf abgekühlt oder gleich in Portionen geschnitten.

Die Soße wird abschließend mit Gin und Sahne abgerundet. Bei Bedarf kann diese noch mit einem hellen Soßenbinder gebunden werden.

Dieser „Lattenschuss“ kann mit Hefeklößen und Rote-Bete-Salat verzehrt werden.

Das Halbfinale

Geflügelterrine

Zutaten für 11Personen:

500 g Putenbrust
500 g Kaninchen, ausgelöst
750 g Hackepeter
250 g Schinkenspeck
150 g Kaninchenleber
100 g schwarze Oliven, entkernt
1 Zweig Rosmarin
1 Zweig Thymian
2 EL Olivenöl
4 cl Weinbrand
4 cl Sherry
Gewürze (Geflügelgewürz, Majoran, Bärlauchsalz, Cayennepfeffer, Salz)

Zubereitung:

Das Geflügelfleisch wird gewaschen, trocken getupft und in Streifen geschnitten. Die Hälfte davon wird kurz in Olivenöl angebraten, bis die weiße Farbe erkennbar ist. Danach wird es mit Weinbrand, Sherry und den Zweigen Rosmarin und Thymian für etwa 1 Stunde mariniert.
Die Leber schneidet man in dünne Scheiben und wälzt sie in Bärlauchsalz.

Für die Farce wird der Rest des Geflügelfleisches mit dem Hackepeter durch eine feine Scheibe des Fleischwolfes gedreht, mit der Marinade vom abgetropften Fleischstücken, Geflügelgewürz, Cayennepfeffer und Salz gemischt. Eine kleine Kostprobe der Festigkeit ist zu empfehlen – entweder kurz braten oder in kochendes Wasser geben.
Inzwischen kann der Backofen vorgeheizt werden. Die Pastetenform wird mit einem Teil der Schinkenspeckscheiben ausgelegt. Die Geflügelfarce wird dann in 4 Teilen im Wechsel eingeschichtet. Zwischendurch erfolgt das Auslegen mit den Geflügelstreifen, das Verteilen der Leberscheiben mit den schwarzen Oliven und dann nochmals das Erstgenannte. Die letzte Farce wird dann mit den restlichen Schinkenspeckscheiben bedeckt.
Die Terrine wird in einem kochenden Wasserbad im vorgeheizten Backofen für etwa 2 Stunden gegart, bis sie schön fest ist. Danach wird sie abgekühlt.

Das „Halbfinale“ kann sowohl warm als auch kalt gegessen werden. Es passen dazu grüner Spargel und Kartoffelbällchen.

Fußballerbrust

Chicken-Curry

Zutaten:

600 g Hähnchenbrust
1 Zwiebel
1 Apfel
2 EL Butaris
0,2 l Geflügelbrühe
2 EL Stärke
0,1 l Weißwein
2 EL Kokosmilch
50 g Schlagsahne
1 Spritzer Zitrone
Gewürze (Curry, Zitronenpfeffer, Salz)

Zubereitung:

Die Hahnchenbrüste werden gewaschen, trockengetupft und mit einem runden Ausstecher geformt.

Die Zwiebel und der Apfel werden in Würfel oder Spalten geschnitten.

Die Hähnchenbrüste sautiert man danach beidseitig in der Butaris und gibt die zerkleinerte Zwiebel und die Apfelspalten hinzu.

Bei mittlerer Hitze wird jetzt alles weiter gedünstet, mit Curry, Zitronenpfeffer und Salz gewürzt, mit der Geflügelbrühe gelöscht und dann noch 15 Minuten weiter geköchelt.

Inzwischen wird in Weißwein die Stärke erhitzt. Dann nimmt man die Hähnchenbrüste aus den Fonds, rührt die Weißwein-Stärke-Mischung hinein, gibt die Kokosmilch und einen Spritzer Zitrone hinzu und lässt alles nochmals aufköcheln.

Zuletzt wird die Soße mit flüssiger Schlagsahne verfeinert.

Zu dieser „Fußballerbrust“ kann man einen würzigen Reis und einen Salat reichen.

Gespickter Schiedsrichter

Gegrillte Hähnchenkeulen

Zutaten:

4 Hähnchenkeulen
4 Rosmarinzweige
0,1 l Apfelsaft
1 EL Honig
3 EL Olivenöl
2 EL Apfelessig
1 Spritzer Zitrone
Gewürze (Americo-Gewürzmischung, Kräutersteak, Zaziki)

Zubereitung:

Die Hähnchenkeulen werden gewaschen, trocken getupft und mit den Gewürzen eingerieben. Die zuvor gewaschenen Rosmarinzweige spickt man unter die Hautseite.

Für die Marinade benötigt man den Apfelsaft, den Honig, den Apfelessig, einen Spritzer Zitrone und das Olivenöl.

Die Hähnchenkeulen werden dann für etwa 4 Stunden in diese Marinade gelegt.

Kurz vor dem Grillen werden sie abgetropft und mit der Marinade während der Zubereitung öfters bepinselt. Der Grillvorgang dauert etwa 30 Minuten. Eine Duftbereicherung kann durch das Einlegen von Apfelbaumzweigen in die Glut erreicht werden.

Diese „Gespickten Schiedsrichter" können mit Baguettes, Salaten und verschiedenen Dips verspeist werden.

Linienrichter

Kalbsmedaillons in Knusperhülle

Zutaten:

8 Kalbsmedaillons (a 75 g)
2 Eier
4 EL Mehl
75 g Mandelscheiben
25 g Parmesankäse
50 g Knusperflocken
2 EL Olivenöl
2 EL Butter
Gewürze (Rosmarin, Oregano, Pfeffer, Salz)

Zubereitung:

Die Kalbsmedaillons werden gewaschen, trocken getupft, flachgedrückt und mit den Gewürzen beidseitig bestreut.

Die Eier verquirlt man und gibt eine Prise Salz hinzu. Aus den Mandelscheiben, dem Parmesankäse und den Knusperflocken wird eine Mischung hergestellt.

Danach werden die Kalbsmedaillons zuerst durch das Mehl, danach durch die verquirlten Eier und zuletzt durch die Knuspermischung gezogen.

Bei mittlerer Hitze werden dann diese panierten Kalbsmedaillons in einer Olivenöl-Butter-Mischung beidseitig etwa 5 Minuten goldgelb gebraten.

Die „Linienrichter“ lassen sich mit Kartoffelbällchen und einem Salat ergänzen.

Torschützenkönig

Rindergulasch

Zutaten:

600 g Rindfleisch
4 EL Pflanzenöl
1 Zweig Liebstöckel
3 Zwiebeln
1 EL Mehl
1 Spritzer Zitrone
2 EL Tomatenmark
0,1 l Weißwein
0,1 l Gemüsesaft
0,1 l Brühe
0,1 l Sahne
2 EL Soßenbinder oder geeiste Butter
Gewürze (Paprika, Argentina-Gewürzmischung, Salz)

Zubereitung:

Das Rindfleisch wird gewaschen, trocken getupft, in 2 cm breite Würfel geschnitten, mit Zitrone beträufelt und mit etwas Mehl bestäubt.

Die Zwiebeln werden nach dem Putzen in Streifen geschnitten.

In einer Schmorpfanne wird das gewürfelte Rindfleisch mit den Zwiebeln angebraten, bis beides braun ist.

Danach fügt man zuerst das Tomatenmark und die Gewürze hinzu. Anschließend wird das Ganze mit Teilen des Weißweins, des Gemüsesaftes und der Brühe gelöscht und für 1 ½ Stunden geschmort. Zwischendurch begießt man den Gulasch mit den restlichen Flüssigkeiten.

Kurz vor Ende der Garzeit wird der Gulasch mit Sahne abgerundet. Je nach Konsistenz kann dieser noch mit Soßenbinder oder geeister Butter sämiger gemacht werden.

Dieses „Torschützenkönig“-Gericht ist ein gelungener Treffer mit Knödeln und Fenchelgemüse.

7. Spezialitäten für Feste

Fehlpass

Fehlpass

Wildkaninchen

Zutaten:

1 Wildkaninchen (ca. 1 kg)
500 g Suppengemüse
3 EL Olivenöl
3 EL Butter
100 g getrocknete Mischpilze
150 g Mehl
0,1 l Wermutwein
250 g Tomaten
0,2 l Brühe
Gewürze (Rosmarin, Salbei, Americo-Gewürzmischung, Salz)

Zubereitung:

Das frisch vorbereitete Wildkaninchen wird gewaschen, trocken getupft und in mehrere Teile zerlegt.

Das geputzte Suppengemüse schneidet man in Streifen bzw. Ringe.

Die Tomaten werden kurz gebrüht, in Viertel geteilt und von den Kernen befreit.

Die Mischpilze spült man kurz in kaltem Wasser ab und weicht sie danach etwa für 1 – 2 Stunden in lauwarmem Wasser ein. Das Suppengemüse wird in Butter geschwenkt.

Die Wildkaninchenstücke werden gesalzen, in Mehl gewälzt und in einem Bräter in Olivenöl von allen Seiten kräftig angebraten. Das Ganze wird dann mit Wermutwein und Brühe gelöscht. Hinzu fügt man die eingeweichten Mischpilze, die Gewürze und lässt alles bei starker Hitze etwa 1 ½ Stunden schmoren.

Kurz vor Ende der Garzeit werden die Tomatenspalten dazu gegeben und bei mittlerer Hitze etwa 10 Minuten weiter geköchelt.

Dieser „Fehlpass“ wird auf der mit Gemüse und Pilzen umrahmten Soße angerichtet. Dazu kann außerdem ein Auberginen-Kartoffelpüree gereicht werden.

Anpfiff

Fleischbällchen mit Knusperstangen

Zutaten:

Fleischbällchen:

200 g Hackfleisch gemischt
1 Ei
2 EL Pflanzenöl
4 EL Semmelbrösel
1 Spritzer Worcestersoße
Gewürze (Americo-Gewürzmischung, Zaziki)

Knusperstangen:

250 g Weizenmehl
0,1 l Wasser
1 Spritzer helles Bier
Hefe entsprechend Gebrauchsanweisung
2 EL Olivenöl
Gewürze (Kümmel, Salz)

Zubereitung:

Fleischbällchen:

Die Fleischbällchen werden so vorbereitet, wie in der Rezeptur „Zweikämpfe" beschrieben. Eine Ausnahme bilden dabei die beschriebenen Zutaten.

Teig:

Der Teig wird analog der Herstellung aus dem „Fußballerstollen"-Rezept gefertigt. Er unterscheidet sich in der Form und den Gewürzen.
Anstelle der Bällchen formt man etwa 8 cm lange und 2 cm breite in Kümmel gewälzte Stangen.

Auf Metallstäbchen werden dann im Wechsel die in Folie eingewickelten Fleischbällchen mit den mit Wasser bepinselten Kümmelstangen aufgereiht. Diese werden dann über einem Lagerfeuer unter ständigem Wenden zubereitet, bis der Teig schön knusprig ist. Bei den Fleischbällchen entfernt man kurz vor Ende die Folie.

Der „Anpfiff" ist ein kulinarischer Genuss zu einer Fußballerparty. Er kann aber auch zu sämtlichen anderen Open-Air-Partys mit deftigen Dips verzehrt werden.

Stramme Wade

Kalbshaxe

Zutaten:

1 Kalbshinterhaxe
150 g Suppengemüse (Porree, Sellerie, Möhren)
0,1 l Brühe
0,1 l Weißwein
0,1 l Tomatensaft
0,1 l Sahne
1 Zwiebel
1 Spritzer Zitrone
Gewürze (Kümmel, Salbei, Lorbeer, Salz)

Zubereitung:

Die Kalbshinterhaxe wird gewaschen, trocken getupft und mit Salz eingerieben. Danach wird sie in einer Schmorpfanne angebraten, das geschälte und geputzte Gemüse fügt man hinzu.
Das Ganze wird dann mit Brühe, Weißwein und Tomatensaft gelöscht, mit den restlichen Gewürzen bestreut und bei mittlerer Hitze im Backofen etwa 2 Stunden geschmort.

Das Fleisch muss während des Schmorens öfter mit dem Bratensud begossen werden. Es ist gar, wenn es sich gut vom Knochen löst. Anschließend wird es tranchiert und warm gestellt.

Die Soße wird durch ein Sieb passiert und mit der Sahne und einem Spritzer Zitrone verfeinert.

Diese „Stramme Wade“ kann mit Klößen und Möhren-Kohlrabi-Gemüse verzehrt werden.

Fallrückzieher

Zarte Rindslendenstreifen in Sahne

Zutaten:

600 g Rinderfilet
200 g Champignons
0,1 l Rotwein
1 Zwiebel
1 Zweig Thymian
2 EL Olivenöl
2 EL Butter
25 g Zartbittercouvertüre
1 Prise Zucker
1 EL Mehl
4 cl Sherry
100 g Sahne
Gewürze (Zitronenpfeffer, Jambalaya-Gewürzmischung, Salz)

Zubereitung:

Das Rindsfilet wird gewaschen, trocken getupft und in etwa 5 cm lange und 1 cm breite Streifen geschnitten.

Die Zwiebel wird geschält und in kleine Würfel geschnitten. Die Champignons werden geputzt, enthäutet und die Köpfe in dünne Scheiben geschnitten. Die Stiele werden gewürfelt.
In einer Pfanne werden die Zwiebeln in Butter glasig gedünstet. Dazu fügt man die Champignons und lässt beides bei leichter Hitze im eigenen Saft schmoren.

In der Zwischenzeit wird das gestreifte und gewürzte Rinderfilet in Olivenöl von allen Seiten kräftig angebraten, mit Rotwein gelöscht und weiter geköchelt. Kurz vor Ende der Garzeit gibt man die Champignons hinzu.

Für die Soße muss die Zartbittercouvertüre gehobelt werden. Dann zerlässt man die Butter, gibt eine Prise Zucker hinzu und lässt dies karamelisieren. Das Ganze wird dann mit Sherry beträufelt und mit den in Mehl gewälzten Schokoraspeln ergänzt. Die Soße wird dann leicht aufgeköchelt und glattgerührt. Zur Verfeinerung gibt man abschließend die Sahne darunter.

Zum Anrichten können die „Fallrückzieher“ auf der Soße verteilt werden. Dazu passen Kartoffelbällchen und Fenchelgemüse.

Ballgeschichten

Hackbällchen am Spieß

Zutaten:

Füllung:

250 g Hackepeter
100 g Kaninchenleber
1 ½ Paprikafrüchte (rot / gelb / grün)
6 EL Semmelbrösel
2 Eier
2 Knoblauchzehen
Gewürze (Majoran, Pfeffer, Salz)

Teig:

100 g Mehl
6 EL Wasser
2 EL Olivenöl
0,5 l Pflanzenöl
Gewürze (schwarzer Chili, Salz)

Zubereitung:

Die Paprikafrüchte werden gewaschen, halbiert, entkernt und in kleine Würfel geschnitten.

Der Hackepeter wird mit der zerkleinerten Kaninchenleber, den Eiern, den Semmelbröseln, den Knoblauchzehen und den Gewürzen in ein Gefäß püriert. Hinzu fügt man den zerkleinerten Paprika. Das Ganze wird anschließend in etwa 4 cm breite Röllchen geformt und aufgespießt.

Für den Teig werden das Mehl, die Gewürze und das Olivenöl zu einem cremigen Brei gerührt. In diesem wälzt man danach die Hackbällchen entweder einzeln oder den gesamten Spieß und frittiert sie in heißem Pflanzenöl 3 – 5 Minuten.

Auf einem mit Küchenpapier ausgelegten Sieb werden die Bällchen bzw. Spieße abgetropft.

Zu diesen „Ballgeschichten“ eignen sich fruchtige Dips und Reissülze.

Offensivspieler

Schweinslendchen am Spieß

Zutaten:

600 g Schweinslende
200 g Ananas
100 g Seranoschinken
0,1 l Kokosmilch
3 EL Olivenöl
1 TL heller Fruchtgelee
1 TL geriebener Ingwer
4 cl Portwein
1 Spritzer Zitrone
Gewürze (Curry, gemörserter Koriander, Cayennepfeffer, Salz)

Zubereitung:

Die Schweinslendchen werden gewaschen, trocken getupft, in etwa 3 cm breite Taler geschnitten und mit den Gewürzen – außer Salz – eingerieben.

Das Schweinefleisch wird in eine Marinade aus Kokosmilch, hellem Fruchtgelee, geriebenem Ingwer, Portwein, Zitrone und Olivenöl für etwa 2 Stunden eingelegt. Danach wird es abgetropft.

Die Ananasfrucht wird nach dem Schälen in mundgerechte Stücke geschnitten und in den hauchdünn geschnittenen Seranoschinken eingewickelt.

Nun werden im Wechsel die Lendchen und die Ananasstücke aufgespießt.

Diese Spieße werden auf einem Holzkohlegrill von allen Seiten knusprig gegrillt. Dabei sollten sie öfters mit der zurück gelassenen Marinade bepinselt werden.

Einen besonders schönen Duft kann man durch das Einlegen von Buchenzweigen in die Glut erreichen.

Diese „Offensivspieler“ sind ein kulinarischer Genuss zu sämtlichen Fußballer-Festlichkeiten. Sie können mit gegrillten Kartoffeln, Salaten und Soßen komplettiert werden.

Das große Finale

Spanferkelrücken

Zutaten für 11 Personen:

1 Spanferkelrücken (ca. 2 kg)
200 g Schweineschmalz
500 g Suppengemüse (Porree, Zwiebeln, Möhren, Sellerie)
0,2 l Gemüsesaft
0,3 l Brühe
Gewürze (Oregano, Thymian, Salz)

Zubereitung:

Der Spanferkelrücken wird gewaschen, trocken getupft, halbiert und gesalzen.

Die geschälten Zwiebeln und das geputzte Gemüse werden grob zerkleinert.

Im vorgeheizten Backofen werden die geteilten Rücken mit der Schwarte nach unten mit etwas Wasser angesetzt. Sobald die Rückenstücke zum Braten kommen, gibt man das Suppengemüse hinzu. Das Ganze wird dann mit einer Gemüsesaft-Brühe-Mischung gelöscht, bei mittlerer Hitze etwa 1 Stunde gegart und öfters mit dem Sud begossen. Kurz vor dem Ende der Garzeit gibt man frischen Oregano und Thymian hinzu.

„Das große Finale“ wird tranchiert und mit dem Restgemüse umrahmt. Man kann diesen Braten mit Brot und Sauerkraut verzehren. Mit Kräutersoße und Erbskartoffelpüree angerichtet ist es eine wahre Delikatesse.

8. Sättigungsbeilagen

Flatterbälle

Flatterbälle

Kartoffelbällchen

Zutaten:

600 g mehlig gekochte Kartoffeln
2 Eier
2 EL Kartoffelstärke
100 g Semmelbrösel
1 TL schwarzer Chili
0,5 l Rapsöl
Gewürze (Muskatnuss, Zitronenpfeffer, Salz)

Zubereitung:

Die ausgekühlten Kartoffeln werden durch die Kartoffelpresse gedrückt, anschließend mit der Kartoffelstärke, den Eigelben und den Gewürzen zu einem Teig verknetet.

Auf einer bemehlten Arbeitsfläche zerteilt man den Teig und formt daraus etwa 2 cm breite Rollen. Diese werden nochmals in der gleichen Größe geteilt und in Röllchen geformt.

Danach werden die Eiweiße kräftig geschlagen. Die Hälfte der Semmelbröseln wird mit schwarzem Chili gemischt.

Im Wechsel werden dann die Kartoffelbällchen durch das geschlagene Eiweiß gezogen und in den gemischten und einfachen Semmelbröseln gewälzt.

In heißem Rapsöl werden dann die Kartoffelbällchen bei mittlerer Hitze zum Teil goldgelb, zum Teil etwas dunkler frittiert.

Über ein mit Küchenpapier ausgelegtes Sieb werden diese danach abgetropft.

Diese „Flatterbälle“ können zu sämtlichen gegrillten Fleisch- und Fischgerichten gereicht werden.

Sonnenglut

Kürbisbällchen

Zutaten:

300 g mehlig gekochte Kartoffeln
500 g Hokkaidokürbis
2 Eier
4 EL Kartoffelstärke
100 g Semmelbrösel
0,5 l Rapsöl
Gewürze (Kurkuma, Curry, Pfeffer, Salz)

Zubereitung:

Die Kartoffelmasse wird so zubereitet, wie im Rezept „Flatterbälle" beschrieben.

Der geschälte Hokkaidokürbis wird zerteilt, etwa 5 Minuten gegart, abgetropft, püriert und abgekühlt.

Danach werden beide Massen gemischt und je nach Geschmack nachgewürzt.

Der Arbeitsvorgang ist so, wie beim Rezept „Flatterbälle". Allerdings werden hier alle Kürbisbällchen in die gleiche Semmelbröselmasse gedrückt.

Danach werden auch diese Bällchen in heißem Rapsöl bei mittlerer Hitze goldgelb gebacken.

Zu dieser „Sonnenglut" passen Fleischgerichte und gegrilltes Gemüse.

Ball im Aus

Rote Spaghetti

Zutaten:

250 g rote Spaghetti
4 EL Kürbiskernöl
2 EL gemörserte Kürbiskerne
Gewürze (Bruschetta, Americo, Salz)

Zubereitung:

Die roten Spaghetti werden in reichlich Salzwasser etwa 5 Minuten leicht geköchelt und danach abgegossen.

Anschließend werden sie mit dem Kürbiskernöl gemischt und mit den Gewürzen verfeinert.

In der Zwischenzeit werden die zuvor gemörserten Kürbiskerne kurz angeröstet.

Kurz vor dem Servieren wird die über einem Löffel in Ballformen gedrehte „Ball im Aus“-Beilage mit den gerösteten Kürbiskernen bestreut.

Reservebank

Reiskugeln in Gelee

Zutaten:

300 g gegarter Reis
50 g grüne Bohnen (Konserve)
50 g Tomaten (Konserve)
0,5 l Brühe
1 Spritzer Kräuteressig
1 Beutel Gelatine

Zubereitung:

Der garfertige Reis wird in der Hälfte der Brühe mit den zerkleinerten Bohnen und Tomaten erwärmt.

Die Gelatine wird laut Gebrauchsanweisung in kaltem Wasser eingeweicht. Danach gibt man sie in die restliche Brühe, erwärmt sie, fügt das Reis-Gemüse-Gemisch und einen Spritzer Kräuteressig hinzu.

Danach füllt man die Mischung entweder in zwei halbrunde größere Schüsseln oder in mehrere kleine runde Schälchen. Alles lässt man erkalten.

Zu dieser „Reservebank“ können Würstchen, Grillspezialitäten und verschiedene Dips gereicht werden.

Linksaußen

Hefeklöße

Zutaten für 11 Personen:

500 g Mehl
20 g Hefe
2 Eier
0,15 l Milch
6 EL Zucker
3 EL Pflanzenöl
4 EL Butter
1 Prise Salz

Zubereitung:

Das Mehl wird in eine Schüssel gesiebt und mit dem Salz vermischt.

In die erwärmte Milch gibt man den Zucker, die zerbröckelte Hefe, die zerlassene Butter, das Pflanzenöl und die Eier. In diese Mischung wird dann das Mehl hineingerieselt und zu einem Teig geschlagen, bis er schön weich ist.

Zugedeckt lässt man den Hefeteig etwa 1 Stunde an warmer Stelle gehen. Vor dem Ausformen wird der Teig nochmals kräftig durchgeknetet.

Mit Hilfe eines Schlesinger wird der Teig abgestochen und zu runden Klößen geformt.

Auf einer bemehlten Arbeitsfläche lässt man diese dann noch zugedeckt aufgehen und gibt sie in einen Topf mit leicht köchelndem Salzwasser. Die Garzeit beträgt etwa 12 Minuten. Vor dem Verzehr sollten die Hefeklöße mit einer Gabel aufgerissen werden, damit sie nicht zusammenfallen.

Diese „Linksaußen"-Beilage passt gut zu Gulasch. Sie kann aber auch einzeln mit einer Fruchtsoße oder mit Kompott gegessen werden.

Ballgefühle

Kartoffelklöße

Zutaten:

1 kg mehlig gekochte Kartoffeln
50 g Mehl
50 g Kartoffelstärke
2 Eier
1 Scheibe Brot
1 EL Olivenöl
Gewürze (Bruschetta, Muskatnuss, Pfeffer, Salz)

Zubereitung:

Die gekühlten und durchgepressten Kartoffeln werden in eine Schüssel gedrückt. Ein Viertel wird herausgenommen, um darin das Mehl, die Kartoffelstärke, die Eier und die Gewürze zu verkneten.

In der Zwischenzeit werden die Croutons zubereitet. Das entrindete und in kleine Würfel geschnittene Brot wird in Olivenöl angeröstet und mit Bruschetta gewürzt.

Auf einer bemehlten Arbeitsfläche wird der Teig zu einer etwa 5 cm breiten Rolle geformt. Daraus schneidet man gleichmäßige Stücke, drückt die Croutons hinein und formt sie zu runden Klößen.

Bevor diese in kochendes Salzwasser gegeben werden, wälzt man sie nochmals in Kartoffelstärke. Bei leicht siedendem Wasser lässt man die Kartoffelklöße etwa 20 Minuten ziehen.

Diese „Ballgefühle“ passen gut zu Rouladen sowie Schweine- und Sauerbraten.

Abpfiff

Erbskartoffelpüree

Zutaten für 11 Personen:

500 g grüne Erbsen
500 g gelbe Erbsen
100 g Kartoffelpüreepulver
200 g Kochschinken
2 Zwiebeln
2 Knoblauchzehen
4 EL Olivenöl
300 g Suppengemüse (Möhre, Sellerie, Porree)
1 l Brühe
4 EL Senfkörner
Gewürze (Cayennepfeffer, gemörserter Koriander, Salz)

Zubereitung:

Die geschälten grünen und gelben Erbsen werden gewaschen und in der Brühe angesetzt und etwa 1 Stunde gekocht.

Das geputzte und zerkleinerte Gemüse gibt man etwa 30 Minuten vor Ende der Garzeit hinzu.
In der Zwischenzeit werden die Zwiebeln und die Knoblauchzehen geschält, der Kochschinken klein gewürfelt und beides in Olivenöl goldgelb angebraten.

Die Senfkörner werden gemörsert und auf kleinem Feuer goldgelb geröstet.

Die gegarten Erbsen und das Gemüse werden danach von der Flüssigkeit getrennt, püriert und nach und nach mit Kartoffelpüreepulver sowie der zurückgelassenen Flüssigkeit aufgeköchelt, bis ein sämiger Püree entsteht. Zur Verfeinerung gibt man noch die Gewürze hinzu.

Dieser „Abpfiff“ wird vor dem Servieren mit der Zwiebel-Schinken-Mischung und den Senfkörnern bestreut. Dazu passen Spanferkelbraten und Sauerkraut.

Manndeckung

Knusprige Kartoffel- und Topinambur-Spezialität

Zutaten:

1 kg Kartoffeln
500 g Topinamburknollen
0,3 l Pflanzenöl
4 EL Sesamkörner
1 EL Honig
1 Spritzer Zitrone
1 Prise Salz

Zubereitung:

Die Kartoffeln und die Topinamburknollen werden gründlich gewaschen, abgebürstet, geschält und nochmals gewaschen.

Danach werden sie mit einem Pariser Ausstecher zu Kugeln geformt, in Zitronenwasser gewässert und abgetropft. Die anfallenden Reste können mit verarbeitet werden.

In heißem Pflanzenöl werden dann die Kartoffeln und die Topinamburkugeln etwa 8 Minuten frittiert. In einer zweiten Pfanne wird der Honig karamelisiert und die Sesamkörner knusprig angebraten.

Die Kartoffel- und Topinamburkugeln werden danach in dieser Marinade gewälzt.

Diese „Manndeckung" kann zu Grillgerichten, als warme Beilage gereicht werden. Sie ist aber auch als Knabberbeilage in kalter Form (z. B. in den Knusperbällchen) zu empfehlen.

Idol

Spirellisülze

Zutaten:

300 g garfertige Spirelli
75 g Cocktailtomaten
75 g schwarze Oliven
0,25 l Gurkenfond
0,25 l Brühe
1 Beutel Gelatine
1 TL „Dill-Kräuter“-Dressing

Zubereitung:

Die Cocktailtomaten werden gewaschen, gebrüht, vom Stielende befreit und enthäutet.

Die garfertigen Spirelli erwärmt man in der Brühe und fügt die Cocktailtomaten und die entkernten schwarzen Oliven hinzu.

In der Zwischenzeit wird die Gelatine laut Gebrauchsanweisung eingeweicht und mit dem Gurkenfond erwärmt. Dies mischt man anschließend zu den warmen Spirelli und würzt alles mit dem ebenfalls erwärmten „Dill-Kräuter“-Dressing.

Die Sülze kommt dann in zuvor mit kaltem Wasser ausgespülte halbrunde Formen. Je nach Größe entstehen dabei 2 – 12 Ballteile.

Diese Formen werden für mehrere Stunden im Kühlschrank aufbewahrt.

Vor dem Servieren werden die „Idole“ kurz ins heiße Wasserbad gestellt und danach wunschgemäß auf eine Platte oder Teller gestülpt. Diese Sülze kann einzeln mit einem Käsedip, aber auch als Beilage zu sämtlichen im Buche erwähnten Spezialitäten gereicht werden.

9. Gemüsebeilagen

Notbremse

Ans Netz gehen

Grüner Spargel

Zutaten:

1 kg grüner Spargel
1 Prise Zucker
1 Spritzer Zitronensaft
100 g Butter
4 EL Pinienkerne

Zubereitung:

Der grüne Spargel wird gewaschen und vom Stielende (etwa 3 – 5 cm) befreit.

Bei mittlerer Hitze wird er dann etwa 15 Minuten geköchelt.

In der Zwischenzeit werden die Pinienkerne in einem Tiegel geröstet und danach grob gemörsert.

Der Spargel wird nach dem Garen gut abgetropft und gitterförmig auf einer rechteckigen Platte angerichtet.

Der „Ans-Netz-Gehen"-Spargel wird anschließend mit zerlassener Butter begossen und mit den gerösteten Pinienkernen bestreut.

Man kann diese Beilage mit Kartoffeln oder Nudeln, aber auch mit Fisch- und Grillspezialitäten kombinieren.

Torschusspanik

Pariser Karotten im Kohlrabikleid

Zutaten:

2 junge Kohlrabi
400 g Pariser Karotten, gefrostet
2 EL Mehl
2 EL Margarine
0,1 l Brühe
0,1 l Sahne
1 Spritzer Zitrone
1 Prise Zucker
frische Petersilie
Gewürze (Pfeffer, Muskatnuss, Salz)

Zubereitung:

Die jungen Kohlrabiknollen werden gewaschen, geschält, halbiert und in Wasser etwas 10 – 15 Minuten mit einer Prise Zucker und Salz weich gekocht. Danach werden sie mit einem Pariser Ausstecher ausgehöhlt.

Die Petersilie wird gewaschen, abgetropft und zerkleinert.

Die gefrosteten Pariser Karotten werden in kochendes Wasser gegeben und bei mittlerer Hitze etwa 10 Minuten weich geköchelt.

In der Zwischenzeit bereitet man eine Mehlschwitze. Dazu werden die Margarine und das Mehl vermengt, mit Brühe gelöscht und unter ständigem Rühren weiter geköchelt. Mit einem Spritzer Zitrone, Sahne, Pfeffer und Muskatnuss wird die Soße abgeschmeckt. Diese dient als Unterlage für die Kohlrabihälften sowie zum Binden der Pariser Karotten.

Diese „Torschusspanik" eignet sich gut zu sämtlichen Fleischgerichten.

Rechtsaußen

Gedünsteter Fenchel

Zutaten:

4 Fenchelknollen
3 El Butaris
0,2 l Weißwein
1 TL Honig mit Ingwer
1 Spritzer Zitrone
3 EL Crème fraîche
Gewürze (gemörserter Koriander, Curry, Muskatnuss, Salz)

Zubereitung:

Die Fenchelknollen werden geputzt, gewaschen, halbiert, von den Strünken befreit und in Streifen geschnitten.

In einer Pfanne wird die Butaris mit dem Ingwerhonig erhitzt, die Fenchelstreifen sowie die Gewürze hinzugefügt und alles goldgelb gebraten. Das Ganze löscht man mit Weißwein ab und lässt es etwa 10 Minuten dünsten. Abgerundet wird der Fenchel mit Zitrone und Crème fraîche.

Dieses „Rechtsaußen"-Gemüse kann zu den im Buch vorgestellten Fleischgerichten gereicht werden.

Außenverteidiger

Auberginen-Topinambur-Püree

Zutaten:
200 g Aubergine
200 g Topinamburknollen
200 g mehlig gekochte Kartoffeln
1 EL Olivenöl
100 g Kochschinken
100 g Champignons
1 Zwiebel
0,1 l Milch
2 cl helles Bier
2 cl Weinbrand
2 EL Butter
Gewürze (Spezialgewürz von San Marco, Curry, Salz)

Zubereitung:

Die Aubergine, die Topinamburknollen und die Kartoffeln werden gewaschen, geschält geschnitten, weich gekocht und püriert.

Die Champignons bürstet man gut ab und zerkleinert sie. Die Zwiebel und der Kochschinken werden klein gewürfelt.

Die Mischung wird dann in Olivenöl glasig gedünstet und mit Bier und Weinbrand gelöscht.

Die Milch wird erhitzt, das gemischte Püree hinzugefügt, mit Butter und den Gewürzen verfeinert.

Die Champignon-Kochschinken-Mischung kann danach unter das Püree gemischt, aber auch darüber verteilt werden.

Dieser „Außenverteidiger“ kann zu allen Fleisch-, Geflügel- und Fischgerichten gereicht werden.

Notbremse

Gedünstetes Sauerkraut

Zutaten für 11 Personen:

1,5 kg Sauerkraut
150 g geräucherter Speck
0,1 l Olivenöl
3 Zwiebeln
150 g Kartoffelkloßmehl
1 TL geriebener Ingwer
0,1 l Bier
0,1 l Brühe
1 Prise Zucker
Gewürze (Wacholderbeeren, Majoran)

Zubereitung:

Der geräucherte Speck und die geschälten Zwiebeln werden in Würfel geschnitten und in Olivenöl glasig gedünstet.

Das zerzupfte Sauerkraut wird mit den Gewürzen, dem geriebenen Ingwer, der Brühe und dem heißen Wasser dazugegeben und bei mittlerer Hitze zugedeckt etwa 40 Minuten gegart. Ab und zu sollte Flüssigkeit nachgegossen werden.

Kurz vor Ende der Garzeit gibt man eine Prise Zucker, Bier und Kartoffelkloßmehl hinzu und köchelt es nochmals kurz durch.

Diese „Notbremse“ eignet sich zum Spanferkel- und „falschen“ Wildschweinbraten.

Querpass

Gebackener Porree

Zutaten:

2 Stangen Porree
0,2 l Pflanzenöl

Füllung:

100 g Schinkenspeck
100 g Hackepeter
1 Zwiebel
1 Eigelb
2 EL Semmelbrösel

Teig:

100 g gekörntes Mehl
2 EL Öl
6 EL lauwarmes Wasser
1 Prise Salz

Zubereitung:

Der Porree wird geputzt, gewaschen, in etwa 10 cm breite Stücke geschnitten und etwa 5 Minuten leicht geköchelt.

Anschließend tropft man die Stücke über einem Sieb ab, kühlt sie aus und halbiert das Ganze.

Zwischendurch werden die zerkleinerte Zwiebel und der Schinkenspeck kurz angebraten und wieder abgekühlt. Beides mischt man danach mit dem Hackepeter, dem Eigelb und den Semmelbröseln.

Diese Masse legt man auf die rechteckigen 2 – 3-schichtigen Porreeblätter, rollt diese zusammen und befestigt sie mit Zahnstochern.

Für den Teig benötigt man gekörntes Mehl, lauwarmes Wasser, Öl und eine Prise Salz. Alles wird gut miteinander verknetet. In diesem wälzt man die Porreestangen und lässt sie in Pflanzenöl etwa 5 Minuten goldgelb backen.

Diese „Querpässe“ können zu Kartoffelgerichten mit einer Soße oder einem Dip verzehrt werden.

10. Salate

Schwalbe im Strafraum

Verlängerung

Gefüllte Möhren mit Reis

Zutaten:

4 große Möhren (ca. 150 g)
100 g garfertiger Basmati-Reis
1 Spritzer Essig
1 Prise Zucker
1 Prise Salz
Gewürze (Lorbeerblatt, Nelken, Senf-, Pfefferkörner)

Zubereitung:

Die Möhren werden gewaschen und in etwa. 6 cm breite Stücke geschnitten. Diese gibt man in kochendes, gewürztes Wasser und gart sie etwa 10 Minuten.

Anschließend werden die Möhren von der Flüssigkeit getrennt und abgekühlt. Der Basmati-Reis wird entsprechend der Gebrauchsanweisung vorbereitet und ebenfalls abgekühlt.

Das Innere der Möhren entnimmt man mit einem Apfelausstecher. In diese Öffnung wird danach der gegarte Reis fest eingedrückt.

Die gefüllten Möhrenstücke und das ausgestochene Innere werden in Scheiben geschnitten.

Dieser „Verlängerungs"-Snack eignet sich zu sämtlichen Grillspezialitäten.

Zuckerhut

Brasilianischer Topinambursalat

Zutaten:

600 g Topinamburknollen
50 g gekeimte Mungobohnen
(erhältlich in Asia-Läden)
200 g Radiccio
1 Prise Zucker
4 EL gehackte Paranüsse
4 EL Olivenöl
2 EL Fruchtchutney
2 EL Weinessig
1 Spritzer Zitrone
Gewürze (Cayennepfeffer, Salz)

Zubereitung:

Die Topinamburknollen werden gründlich gewaschen, gebürstet, geschält und in Stücke geschnitten.

Aus den Radiccio werden nach dem Waschen zuerst die Strunke entfernt. Danach werden sie zerkleinert.

Anschließend wird eine Marinade aus dem Weinessig, der Prise Zucker, dem Olivenöl, dem Fruchtchutney, einem Spritzer Zitrone und den Gewürzen zubereitet.

Dieser Salat wird auf einem Teller angerichtet. Die gekeimten Mungobohnen und die gehackten Paranüsse dienen der Verzierung.

Abschließend wird der „Zuckerhut“ mit der Marinade beträufelt. Er kann zu sämtlichen Fleisch-, Fisch- und Geflügelgerichten verzehrt werden.

Schwalbe im Strafraum

Rote-Bete-Salat

Zutaten:

500 g Rote Bete
1,5 l Wasser
1 Zwiebel
1 Apfel
1 EL Meerrettich
1 Prise Zucker
2 EL Apfelessig
2 EL Olivenöl
Gewürze (Pfeffer, Salz)

Zubereitung:

Die Rote Bete wird unter fließendem Wasser gründlich gebürstet. Dann wird sie in kochendes Wasser gegeben und etwa 90 Minuten gegart. Danach schreckt man sie unter kaltem Wasser ab, entfernt die Schale und lässt sie auskühlen. Mit einem Pariser Ausstecher formt man nun aus ihnen Kugeln.

In der Zwischenzeit wird eine Marinade hergestellt. Dazu werden zunächst Apfelessig, Zucker und die Gewürze miteinander vermischt. Tropfenweise wird anschließend das Olivenöl dazu gegeben. Die geschälte Zwiebel und der Apfel werden zerkleinert und ebenfalls hinzugefügt. Mit Meerrettich wird der Salat abgerundet.

Diese „Schwalbe im Strafraum“ passt als kräftige Beilage zu allen Festlichkeiten.

Viertelfinale

Spinat-Tomaten-Salat

Zutaten:

300 g junge Spinatblätter
300 g Cocktailtomaten
2 Schalotten
0,1 l Sherry
0,1 l Brühe
2 EL Olivenöl
2 EL Sahne
4 EL Kürbiskerne
1 Spritzer Zitrone
1 Prise Zucker
Gewürze (Jambalaya-Gewürzmischung)

Zubereitung:

Die jungen Spinatblätter werden gewaschen und über einem Sieb abgetropft. Die kleinen Tomaten halbiert man und entfernt das Stielende.

Für das Dressing werden die zerkleinerten Schalotten in Olivenöl mit einer Prise Zucker angedünstet und mit Sherry und Brühe abgelöscht.

Das Ganze wird leicht weiter geköchelt, anschließend abgekühlt und mit einem Spritzer Zitronensaft, der Sahne und der Jambalaya-Gewürzmischung verfeinert.

Dieser Salat wird dann auf vier flachen Tellern dekorativ verteilt, mit dem Dressing und den zuvor gerösteten Kürbiskernen bestreut.

Dieses „Viertelfinale“ kann sowohl einzeln mit einem Knoblauchbaguettes, aber auch zu Grillspezialitäten verzehrt werden.

Fußball-Fieber

Gurken-Tomaten-Salat mit Wildkräutern **Zutaten:**

1 Handvoll zarte Löwenzahnblätter
1 Handvoll zarte Brennnesseln
1 Gurke
2 EL Kräuteröl
4 Tomaten
1 Zwiebel
0,1 l Sherry
3 EL Knoblauchöl
1 TL Honig mit Ingwer
1 Spritzer Zitrone
Gewürze (Pfeffer, Salz)

Zubereitung:

Die Wildkräuter werden gründlichst gewaschen, trocken getupft und zerzupft.

Die Gurke wird nach dem Waschen geschält und in Scheiben geraspelt. Die Zwiebel wird geschält und in kleine Würfel geschnitten. Die Tomaten werden gebrüht, enthäutet, vom Kerngehäuse befreit und zerkleinert.

In einer Pfanne werden dann zuerst die Zwiebeln in Kräuteröl knusprig angebraten. Anschließend fügt man die zerkleinerten Tomaten hinzu und schwenkt es miteinander durch.

Für die Marinade werden die Zutaten Sherry, Honig mit Ingwer, ein Spritzer Zitrone mit Knoblauchöl aufgeschäumt und mit den Gewürzen verfeinert.

Der „Fußball-Fieber"-Salat wird anschließend so angerichtet, dass die gezupften Blätter den Teller bedecken. Auf ihnen verteilt man die Gurkenscheiben und das gebratene Zwiebel-Tomaten-Gemisch. Abschließend wird das Ganze mit der Marinade beträufelt.

11. Desserts

Abseitsfalle

Fankurve

Kokoscreme

Zutaten:

200 g Schlagsahne
0,1 l Zitronenlimonade
0,1 l Kokoslikör
2 EL Puderzucker
1 Spritzer Zitronensaft
2 Blatt Gelatine

Zubereitung:

Die Gelatine wird in kaltem Wasser eingeweicht und danach zusammen mit dem Kokoslikör in die erwärmte Zitronenlimonade gegeben. Das Ganze wird glatt gerührt, mit Zitronensaft abgeschmeckt und abgekühlt.

Die Schlagsahne wird geschlagen, mit Puderzucker vermischt und vorsichtig unter die erkaltete Kokosgelatine gehoben.

In einer Schüssel lässt man die Kokoscreme im Kühlschrank erstarren.

Diese „Fankurve"-Creme kann mit Hilfe eines Eisportionierers in Ballform in vorher gebackene Törtchen verteilt werden. Aber auch als Einzelportion umrahmt mit in Curacao getauchten Melonenkugeln ist dies eine kulinarische Augenweide.

Ballzauber

Falsche Marzipankugeln

Zutaten:

200 g Grieß
4 – 5 EL kochendes Wasser
125 g Butter
2 EL Zucker
1 Päckchen Vanillinzucker
1 Spritzer Bittermandelaroma
1 Spritzer Rumaroma

Extras:

2 EL geröstete Kürbiskerne
2 EL gehackte Walnüsse
2 EL Kakao
2 EL gemörserte Knusperflocken

Zubereitung:

Der Grieß wird mit dem kochenden Wasser übergossen und mit der weichen Butter, dem Zucker, dem Vanillinzucker und den verschiedenen Aromen zu einer festen Masse geknetet.

In 4 kleinen Gefäßen mit den extra aufgeführten Zutaten werden die Bällchen in vier Teilen gewälzt und anschließend an einem warmen Ort getrocknet.

Diese „Ballzauber“ sind eine Nachspeise. Sie können aber auch zu einer Kaffeetafel in gemütlicher Fußballerrunde mit anderen Spezialitäten gereicht werden.

12. Gebäck

Harte Kopfbälle

Pfeifkonzert

Deftiges Zwiebelgebäck

Zutaten für 11 Personen:

Teig:

200 g gesiebtes Mehl
10 g Hefe
1 Ei
50 g Butter
0,1 l Wasser

Füllung:

2 Zwiebeln
1 EL Margarine
150 g Emmentaler Käse
200 g Semmelbrösel
0,5 l Pflanzenfett
3 Eier
Gewürze (edelsüßer Paprika, Zucker, Salz)

Zubereitung:

Die Hefe wird im handwarmen Wasser aufgelöst. Dann wird sie mit einer Prise Zucker in einer Schüssel in die Mitte des gesiebten Mehls gegossen und zu einem dünnflüssigen Brei gerührt.
Auf den Mehlrand legt man danach das verquirlte Ei, einen Teil Butter und eine Prise Salz.
Diese Schüssel wird dann abgedeckt warm gestellt. Nachdem das Hefestück gegangen ist, knetet man die auf den Rand gegebenen Zutaten hinein. Der Warmstellvorgang wird nochmals wiederholt, bis sich der Teig vergrößert hat.

Abschließend wird er wieder kräftig durchgeknetet.

Füllung:

Die zerkleinerten Zwiebeln werden in Margarine knusprig angebraten.
Auf einer bemehlten Arbeitsfläche rollt man den Hefeteig sehr dünn aus, verteilt darauf die abgekühlten Zwiebeln und einen Teil des geriebenen Emmentalers. Das Ganze wird zu einer Rolle gewickelt. Diese wird anschließend in jeweils 7 cm lange Stücke geteilt. Die Enden werden zusammengedrückt. Diese Stücke werden durch die verquirlten Eier gezogen und in den Semmelbröseln gewendet.
In heißem Pflanzenöl werden diese Gebäckstücke knusprig gebacken, über einem Sieb mit Küchenpapier abgetropft und zuletzt mit dem Rest Käse bestreut.
Zu diesem „Pfeifkonzert“ passt ein kühles Bier.

Harte Kopfbälle

Feigentörtchen

Zutaten:

Teig:

250 g Mehl
100 g Butter
50 g Margarine
1 Ei
2 EL Zucker
1 Päckchen Zitronenzucker
1 Prise Salz
1 Prise Backpulver

Füllung:

600 g Feigen
25 g Butter
2 EL braunen Zucker
1 Flasche Vanillesprühsahne

Zubereitung:

In das gesiebte Mehl und das Backpulver gibt man zuerst die weichen Fettigkeiten und knetet daraus eine Masse.

In diese gibt man anschließend das Ei, den Zucker, den Zitronenzucker und eine Prise Salz. Nach dem Vermengen wird der Teig für 30 Minuten kühl gestellt.

Anschließend wird der Teig in die vorher eingefetteten Backförmchen (Durchmesser 10 cm) gefüllt.

Zubereitung Füllung:

Nach dem Waschen werden die Feigen abgetropft und in flache Scheiben geschnitten. Die beiden Enden entfernt man. Die Scheiben werden danach gleichmäßig auf die Förmchen verlegt und mit braunem Zucker und Butterflocken bestreut.

Das Ganze lässt man dann im vorgeheizten Backofen bei mittlerer Hitze etwa 25 Minuten backen.

Diese „Harten Kopfbälle“ werden mit einer Haube Vanillesahne garniert und zu einem Fußball geformt.

Das kleine Finale

Brottorte

Zutaten für 11 Personen:

4 Eier
175 g Zucker
2 EL lauwarmes Wasser
1 Spritzer Zitronenöl
1 TL Zimt
65 g gemahlene Mandeln
150 g geriebenes Schwarzbrot
150 g Mehl
20 g Kakao
1/8 l Milch
50 g Zitronat
50 g Korinthen
1 Spritzer Zitrone
1 Prise Salz

Zubereitung:

Die Eigelbe sind von den Eiweißen zu trennen. Sie werden dann mit dem Zucker und dem lauwarmen Wasser schaumig geschlagen. Danach fügt man die Mandeln, den Zimt, das Zitronat, das Zitronenöl, die Korinthen sowie das geriebene Schwarzbrot hinzu und vermengt alles gut miteinander.

Das Mehl wird mit dem Kakao und der lauwarmen Milch gemischt und unter den Teig gerührt.

Unter das Ganze werden danach die gesondert geschlagenen Eiweiße, ein Spritzer Zitrone und eine Prise Salz gehoben.

Bei mittlerer Hitze bäckt man diese Brottorte etwa 60 Minuten.

Dieses „Kleine Finale“ kann mit einem süßen Fruchtmark, z. B. Himbeer- oder Erdbeermark, und mit Schlagsahne vervollkommnet werden.

Strafraum

Apfelstrudel

Zutaten für 11 Personen:

Teig:

- 200 g Weizenmehl
- 50 g Grieß
- 1 Eigelb
- 75 g zerlassene Butter
- 6 EL Schmand
- 4 EL warmes Wasser
- 3 EL Staubzucker
- 1 Prise Salz

Belag:

- 75 g Butter
- 100 g geriebene Semmel
- 750 g geriebene Äpfel
- 3 EL Zucker
- 100 g Sultaninen
- 1 EL gehackte Mandeln
- 1 EL gehackte Haselnüsse
- 2 cl Rum
- 1 Prise Zimt
- 1 EL Margarine

Zubereitung:

Das Mehl wird mit dem Grieß gemischt und danach gesiebt. Dazu gibt man das Eigelb, 2/3 der zerlassenen Butter, den Schmand, das warme Wasser und eine Prise Salz.
Daraus knetet man einen Teig. Diesen bestreicht man dann mit der restlichen Butter und stellt ihn für etwa 1 Stunde warm.
Auf bemehlten Tüchern wird dann der Teig in drei Teilen ganz dünn ausgerollt.
Für den Belag wird die Butter zerlassen, die geriebene Semmel geröstet und beides auf die drei Teigteile verteilt.
Die geraspelten Äpfel werden mit den restlichen Zutaten gut vermengt und auf die drei Strudelteige verteilt.

Die Teige werden mit Hilfe der Tücher eingerollt und mit Butter bepinselt.
Mit Hilfe des Tuches werden die Strudel auf ein gefettetes Backblech abgerollt und nochmals mit Butter bestrichen. Bei etwa 200 °C wird das Ganze etwa 20 Minuten gebacken.
Abschließend bestreicht man die Teile nochmals mit zerlassener Butter und bestäubt sie mit Puderzucker.
Zu diesem „Strafraum“ kann man je nach Geschmack eine Vanillesoße – warm oder kalt servieren.

Eine Runde weiter

Himbeerknuspertörtchen

Zutaten für 11 Personen:

Teig:

300 g Mehl
75 g Margarine
75 g Butter
0,1 l Wasser
2 EL Olivenöl
2 EL Honig
1 TL geriebener Ingwer
1 Prise Salz

Belag:

500 g Himbeeren
200 g Sahne
2 Beutel Gelatine
4 EL Zucker
1 Spritzer Zitronensaft
1 Spritzer Orangensaft

Zubereitung:

Teig:

Das Mehl wird mit der weichen Butter, der Margarine, dem Wasser, dem Honig, dem geriebenen Ingwer, dem Olivenöl und einer Prise Salz zu einem festen Teig verknetet und für etwa 1 – 2 Stunden im Kühlschrank aufbewahrt. Danach wird der Teig in vier Teilen dünn auf einer bemehlten Arbeitsfläche ausgerollt und in gefettete Förmchen gefüllt. Dieser Prozess wird danach wiederholt. Bei mittlerer Hitze werden diese dann im Backofen etwa 10 Minuten gebacken und ausgekühlt.

Belag:

Die Himbeeren werden gewaschen, zerkleinert, püriert und durch ein Sieb passiert. In der Zwischenzeit wird die Gelatine eingeweicht, mit dem Himbeerpüree kurz erwärmt und abgekühlt. Die Sahne wird geschlagen und unter die Himbeermasse gehoben.

Mit einem Eisportionierer wird das Ganze dann in Ballform auf den Törtchen verteilt und im Kühlschrank für etwa 3 – 4 Stunden aufbewahrt.

Diese „Eine Runde weiter“-Törtchen können als Nachspeise oder zur Kaffeetafel gereicht werden.

13. Getränke

Fußballer - Durstlöscher

Fußballer-Durstlöscher

Teebowle

Zutaten:

1 Portionsbeutel Hagebuttentee
1 Portionsbeutel Malventee
0,5 l Pfirsichsaft
2 EL Zitronensaft
1 EL Honig mit Ingwer
0,1 l Sanddornsaft
0,3 l Mineralwasser
Gewürze (Koriander, Nelken, Zimtstange)

Zubereitung:

Für die Teebereitung benötigt man 1 l Wasser. Dieses bringt man mit den Gewürzen (im Teesieb oder geschlossenem Würzsäckchen) zum Kochen, gibt die beiden Früchteteebeutel hinzu, lässt diese etwa 10 Minuten ziehen und kühlt es dann ab.

Danach fügt man den Pfirsichsaft, den Sanddornsaft, den Zitronensaft mit dem Ingwer-Honig-Gemisch hinzu, schüttelt es gut miteinander und lässt es im Kühlschrank abkühlen.

Kurz vor dem Servieren wird der „Fußballer-Durstlöscher“ mit Mineralwasser aufgefüllt. Im Rahmen einer Festlichkeit kann das Getränk auch mit trockenem Sekt aufgefüllt werden.

Die Hand Gottes

Rosenbowle

Zutaten:

100 g Erdbeeren
100 g Himbeeren
1 Limette
2 EL Zucker
10 Rosenknospen
2 cl Calvados
2 cl Weinbrand
1 Flasche Roséwein
1 Flasche Sekt

Zubereitung:

Die aufgeblühten Rosenblätter werden gewaschen und mit Weinbrand, Zucker und Roséwein angesetzt.

Die Erdbeeren, Limette und Himbeeren wäscht man und zerkleinert sie mundgerecht. Das Ganze wird dann mit Calvados und Zucker kühl gestellt.

Die Rosenblätter werden nach etwa 4 Stunden von den restlichen Zutaten getrennt. Der zurückgelassene Rosenwein wird mit der Fruchtmischung und einer Flasche Sekt aufgefüllt.

Diese „Hand Gottes“ ist mit einer Rosenknospe in einem Glas angerichtet ein optischer und kulinarischer Genuss.

14. Zubereitungen

Einfache Mauer

Libero

Kräutersoße

Zutaten für 11 Personen:

2 EL Oregano frisch
2 EL Thymian frisch
0,3 l Milch
0,2 l Sahne
0,2 l Brühe
4 EL Mehl
4 EL Margarine
1 Spritzer Zitrone
1 Prise Zucker
Gewürze (Oregano, Thymian, weißer Pfeffer, Salbei, Salz)

Zubereitung:

Für die Zubereitung der Soße bereitet man aus dem Mehl und der Margarine eine Mehlschwitze. Diese wird mit Milch, Brühe sowie einem Spritzer Zitrone gelöscht und bei mittlerer Hitze etwa 5 Minuten weiter geköchelt.

Hinzu fügt man kurz vor dem Ende der Garzeit die frischen Kräuter. Mit Sahne, einer Prise Zucker und weißem Pfeffer wird die Soße geschmacklich abgerundet.

Diese „Libero“-Soße kann zu Nudelgerichten gereicht werden.

Verwarnung

Mango-Ingwer-Marinade

Zutaten:

siehe „Einfache Marinade“
1 Mango
1 TL Ingwer
Gewürze (Curry)

Zubereitung:

Die Mango wird geschält, in Scheiben geschnitten und püriert. Der frische Ingwer wird geschält und gerieben.
Diese Früchtemischung wird unter die einfache Marinade gemischt und mit Curry abgerundet.

Diese „Verwarnung“ ist zur Ergänzung von Salaten zu empfehlen.

Fanträume

Pesto

Zutaten für 11 Personen:

3 Bund Basilikum
2 Bund Petersilie
5 Knoblauchzehen
125 g Pinienkerne
15 g Hartkäse
0,25 l Olivenöl
Gewürze (Cayennepfeffer, Salz)

Zubereitung:

Die Kräuter werden gründlich gewaschen, trocken getupft und zerkleinert.
Die Knoblauchzehen schält und zerhackt man.
Das Ganze wird dann unter Zugabe von Olivenöl, Knoblauch, Pinienkernen in einem Mixer püriert. Abschließend wird der geriebene Hartkäse darunter gemischt. Je nach Geschmack kann man dieses Pesto noch mit Cayennepfeffer abrunden.

Diese „Fanträume“ können zu Teigwaren aller Art gereicht werden. Man kann diese Soße aber auch als Ergänzung zu Dips verwenden.

Ermahnung

Zitronensoße

Zutaten:

2 Eier
1 TL Honig
1 Zitrone
1 Spritzer Weißwein
Gewürze (Zitronenpfeffer, Salz)

Zubereitung:

Die zwei Eier werden in Eiweiß und Eigelb getrennt. Die unbehandelte Zitrone wird gewaschen und entsaftet.

In einem Schlaggefäß werden dann die Eigelbe im Wasserbad bei leichter Hitze mit Honig, Zitronensaft und einem Spritzer Weißwein schaumig geschlagen, unter die steif geschlagenen Eiweiße gehoben und abschließend gewürzt.

Diese „Ermahnung" lässt sich wunderbar mit geschnetzeltem Fleisch, Geflügel und Fisch kombinieren.

Sachregister Fachbezeichnungen

Ananas mit grüner Ale ... 85
Apfelstrudel ... 81
Auberginen-Topinambur-Püree ... 63

Brasilianischer Topinambursalat ... 68
Brottorte ... 80
Buttermilchgötzen ... 14

Champignon-Bärlauch-Soße ... 90
Chicken-Curry ... 37

Deftiges Zwiebelgebäck ... 78

Einfache Marinade ... 91
Erbskartoffelpüree ... 56

Falsche Marzipankugeln ... 76
Falscher Wildschweinbraten ... 35
Feigentörtchen ... 79
Fischragout ... 29
Fischsuppe ... 17
Fleischbällchen mit Knusperstangen ... 43

Gebackene Käsespezialität ... 13
Gebackener Porree ... 65
Gedünstete Dorade ... 28
Gedünsteter Fenchel ... 62
Gedünsteter Tintenfisch ... 26
Gedünstetes Sauerkraut ... 64
Geflügelterrine ... 36
Gefüllte Möhren mit Reis ... 67
Gegrillte Hähnchenkeulen ... 38
Gegrillte Steinbeißerfilets ... 27
Gemüsesaft mit Tonic ... 84
Grüner Spargel ... 60
Gurken-Tomaten-Salat mit Wildkräutern ... 71

Hackbällchen am Spieß ... 46
Hackbraten ... 33
Hefeklöße ... 54
Himbeerknuspertörtchen ... 82

Kaffee-Drink ... 85
Kalbshaxe ... 44
Kalbsmedaillons in Knusperhülle ... 39
Kartoffelbällchen ... 50
Kartoffelklöße ... 55
Käsekugeln ... 9
Käse-Kürbis-Kugeln ... 8
Ketschupmarinade ... 91
Klitscher ... 21
Knüppelkuchen mit Fischbällchen ... 31
Knusperbälle ... 10
Knusprige Kartoffel- und Topinambur-Spezialität ... 57
Kokoscreme ... 73
Kräutersoße ... 89
Kürbisbällchen ... 51

Mango-Ingwer-Marinade ... 92
Miesmuscheln ... 15

Pariser Karotten im Kohlrabikleid ... 61
Penne Bolognese ... 24
Pesto ... 93

Reiskugeln in Gelee ... 53
Rindergulasch ... 40
Rinderrouladen ... 34
Rosenbowle ... 87
Rösti ... 22
Rote Grütze ... 75
Rote Spaghetti ... 52
Rote-Bete-Salat ... 69

Schokoladentaler ... 74
Schweinslendchen am Spieß ... 47
Senfnudeln mit Porree ... 23
Shrimps-Cocktail ... 11
Spanferkelrücken ... 48
Spinat-Knoblauch-Suppe ... 18
Spinat-Tomaten-Salat ... 70
Spirellisülze ... 58

Teebowle ... 86
Thunfischfilet im Topinamburmantel ... 30
Tomatensuppe ... 19

Wildkaninchen ... 42

Zarte Rindslendenstreifen in Sahne ... 45
Zitronensoße ... 94